ANNUAIRE TÉLÉTRAVAIL TRAVAILLE À DISTANCE POUR TRANSCRIPTEURS INDÉPENDANTS

39 SITES INTERNET INDISPENSABLES ET FIABLES

Tous droit réserver

ISBN : 978-2-37795-045-4

ALI DIAK

ISSACAR ÉDITION

Collection Télétravail Travail à distance.

ISBN : 978-2-37795-045-4

Dépôt Légal Avril 2021

LICENCE

MENTION LÉGALE

La raison de ce manuscrit est de communiquer des informations et présenter des sites internet pour rechercher des tâches de travail à distance. Ce ne sont pas les propres, conception de l'auteur. Lors de l'édition de ce support certaines décision ont été prises pour tenir, les informations pertinentes et à jour. Il pourrait avoir des sites internet inaccessibles.

L'auteur et l'éditeur sont irresponsables d'usage du contenu de ce livre, des malentendus. Et des erreurs pouvant résulter de la lecture de ces informations. Pour toute information dans les domaines de votre activité, consultez des expérimenté dans les domaines concernés.

DÉDICACE

Je dédicace cet annuaire aux transcripteurs.

J'apprécie :

* votre rigueur, concentration et patience

* votre capacité d'écoute et d'adaptation

* votre discrétion et respect du secret professionnel et de la déontologie

Cet annuaire jouera un rôle déterminant dans l'évolution de votre entreprise.

CONTACT

Email : issacar.edition@gmail.com

Site Internet : http://issacaredition.com/

PRÉFACE

Le travail à distance est de plus en plus répandu. Cela est dû aux progrès technologiques et aux choix de style de vie, qui contribuent par la suite à remodeler notre façon de faire et de penser les affaires au 21e siècle.

Le travail à distance est une tendance moderne passionnante pour les transcripteurs indépendants.

Grâce à la technologie d'aujourd'hui, de nombreux transcripteurs indépendants améliorent leur vie professionnelle grâce au travail à distance ou au télétravail.

Néanmoins, l'inconvénient est que, de considérables personnes n'ont aucune notion de comment rechercher des travaux en télétravail.

À l'aide de ce livre sous forme d'annuaire, vous serez au courant rapidement du télétravail ou travail à distance.

Ce bouquin est une dédicace réelle à tout travailleur indépendant étant intéressé de trouver des missions en télétravail.

SOMMAIRE

I.   DÉFINITION DE TRAVAILLE À DISTANCE

Le télétravail demeure une activité professionnelle. Le télétravail signifie travailler à tout autre endroit que votre lieu de travail central.

Certains arrangements de télétravail ne nécessitent rien de plus qu'une ligne téléphonique, tandis que d'autres impliquent une configuration complète de bureau à domicile.

Les avantages majeurs et inconvénients du télétravail.

Les avantages :

- Favorise un meilleur état de santé.

- Un mieux-être psychologique.

- Une de vie équilibrée améliore la condition de vie physique.

- Le bien-être mental.

- Une alimentation plus saine.

- Amélioration de la productivité.

- Plus de temps libre.

- Meilleur confort.

- Du temps en supplément pour les activités personnelles.

- Suppression des déplacements domicile-travail.

- Amélioration de la motivation.

- Meilleure maîtrise de la vie professionnelle.

- Focus renforcé sur le travail.

- Davantage d'heures de sommeil.

- Des économies d'argent plus importantes.

- Horaires de travail flexibles.

- Absence d'exigence vestimentaire liée au lieu d'emploi.

- Vous pouvez vivre où bon vous semble.

- Vous exercez votre activité de n'importe quel endroit.

- Autonomie complète.

- Liberté de mouvement réduite.

- Liberté de décision personnelle.

- Liberté de choix.

- Rémunération fixe et uniforme.

- Autonomie complète.

- Indépendance financière.

- Vous choisissez vos collaborateurs.

- Vous décidez de votre lieu de travail.

- Vous définissez votre mode de travail.

- Vous bénéficiez d'une totale autonomie.

- Plus de moments précieux avec vos proches.

- Suppression presque totale des déplacements.

- Vous réalisez des épargnes sur les frais de transport.

- Vous générez plus de revenus.

- Vous concrétisez vos rêves.

- Le déplacement à travers le monde.

- Environnement plus propice.

- Élimination des sources de distraction au bureau.

- Pauses plus longues.

- Diminution du stress.

- Meilleure concentration sur le travail.

Les inconvénients :

- Gestion du stress plus délicate.

- Un risque de retrait social plus important.

- Manque de rigueur personnelle.

- Difficulté à s'auto-organiser.

- L'éloignement social.

- La séparation de la vie personnelle et professionnelle

  est difficile.

- Possibilité de travailler plus d'heures que prévu.

- La perte d'approche avec l'entreprise.

- Difficulté à collaborer avec les prestataires.

- Une perte des interactions avec les collègues.

- La protection des données depuis son lieu de travail

  à domicile.

- Les difficultés du travail en groupe.

- Les difficultés de communication efficace avec les collègues.

- Les obstacles techniques.

- La responsabilité accrue représente un fardeau considérable.

- Vous devez assumer toutes les charges.

- Une utilisation très importante de l'ordinateur.

- Charge de travail excessive.

- Des problèmes de gestion du temps.

- Moins d'interactions en présentiel.

- Moins de face-à-face.

- Moins de communications orales.

- Choisir une pièce chez vous confortable et propice à la concentration.

- Équipez-vous d'un espace de travail dédié et aménagé.

- Si besoin, possédez un sac de rangement pour se déplacer.

- Protégez votre matériel informatique avec un parasurtenseur.

- Équipez-vous de matériel et de logiciel performant.

- Maintenir un antivirus à jour et procédez à des vérifications régulières.

- Mettre en place une sécurité intense pour protéger les données importantes et l'ordinateur.

- Ayez un mobilier verrouillé pour ranger votre équipement.

- Ajoutez une bougie, une photo préférée, près de l'espace de travail pour se motiver.

- Établir un éclairage de bureau pour rester stimulé tout au long de la journée.

- Sélectionnez une décoration et des meubles agréables, faisant de votre bureau un endroit que vous appréciez.

- Ajoutez des fleurs et des œuvres d'art pour personnaliser votre espace.

- Enregistrez régulièrement vos fichiers importants sur un disque dur pour les protéger en cas de problème.

- Choisir un siège et un bureau confortables pour le dos et le cou.

- Veillez à ce que vos pieds reposent au sol ou soient soutenus par un repose-pied.

- Bien ventiler votre lieu de travail.

- Assurez-vous d'avoir une connexion Internet fiable qui vous permettra de passer des appels, de visionner des vidéos.

- Choisissez un bureau de travail suffisamment spacieux pour installer tout votre équipement.

- Mettez en place des dossiers de classement pour vos documents importants.

- Ajustez la hauteur de votre siège pour travailler confortablement.

- Préservez votre dos de toute douleur en le protégeant sur un dossier.

- Gardez l'ordinateur et les programmes à jour, car ils seront essentiels à votre travail.

- Ayez tous vos outils et fournitures à portée de main.

- Les matériaux et l'équipement doivent être entreposés dans un endroit sec, protégé contre les dommages et l'utilisation abusive.

- Éteignez l'équipement lorsqu'il n'est pas utilisé.

- Veillez à maintenir une température et un éclairage adéquats pour permettre une bonne lecture.

- Fermez la porte du bureau afin de profiter d'une véritable tranquillité.

- Utilisez des lampes artificielles pour fournir un éclairage suffisant.

- Bien ventilé suffisamment et éclairez votre bureau de travail.

- Choisissez un endroit proche d'une fenêtre afin de profiter de la lumière.

- Organisez votre espace de bureau et transformé en un lieu qui vous motive et vous stimule.

IV. QUELQUES CONSEILS POUR TRAVAILLER À DISTANCE

CONSEIL SUR L'ORGANISATION

- Aménagez votre bureau pour rester productif.

- Si vous avez des enfants ou des animaux domestiques, réservez-vous un espace dans votre domicile où travailler sans être dérangé.

- Choisissez un environnement calme, à l'abri des perturbations.

- Lorsque vos enfants sont à l'école ou pendant leur sieste, profitez de ces moments de tranquillité pour vous concentrer sur votre travail.

- Un bon moment, pour vous concentrer sur votre activité professionnelle, c'est quand les enfants font la sieste.

- Établissez un horaire de travail correctement défini et séparez-le clairement de votre temps personnel.

- Informez vos proches que vous ne les recevez pas pour le moment.

- Établissez un planning qui vous convient.

- Soyez vigilant à vos horaires de travail.

- Respectez vos temps libres et vos périodes occupées.

- Utilisez efficacement la communication par e-mail.

- Installez un espace adapté aux réunions virtuelles, avec une webcam.

- Dressez des tâches à faire, une fois achevées en fin de journée.

- Préparez le travail du lendemain à l'avance, afin d'être prêt à entamer la première tâche le matin.

- Fixez-vous des objectifs à atteindre.

- Débutez et achevez votre journée à heures fixes.

- Consultez votre liste de tâches hebdomadaire et planifiez votre semaine.

- Respectez le planning que vous vous êtes fixé.

- Planifiez votre journée d'exercice comme sur votre lieu de travail.

CONSEILS SUR LE BIEN-ÊTRE

- Faites du sport régulièrement.

- Travaillez dans des espaces de travail partagés.

- Voir régulièrement ses amis

- Marcher dans votre maison tout en conversant au téléphone.

- Prendre 30 minutes pour aller déjeuner.

- Acquérir un casque mains libres.

- Sortir de votre domicile et marcher aux alentours avant de reprendre le travail.

- Pour éviter la fatigue et les distractions, faites plusieurs des pauses.

- Modifier votre cadre d'activité peut grandement améliorer votre productivité.

- Passez du temps avec d'autres personnes présentes dans votre lieu de travail.

- Préparez votre repas la veille de votre journée de travail.

- Réglez des rappels pour vous lever et faire des pauses régulières.

- Limitez l'accès aux réseaux sociaux pour éviter les distractions.

- Placez votre téléphone personnel en mode silencieux.

- Profitez du superbe temps pour effectuer vos appels tout en vous promenant.

- Écoutez de la musique adaptée à votre activité afin de vous épauler pour travailler.

- Portez des tenues élégantes.

- Préparez-vous ou allez chercher un café.

- Quittez votre bureau et bougez quelques minutes toutes les heures.

CONSEIL PRÉVENTIF

- Veillez à disposer d'un accès Internet mobile de qualité en prévision d'une éventuelle coupure.

- Séparez votre micro-ordinateur de travail et votre ordinateur personnel.

- Ayez un numéro de téléphone dédié au travail à distance.

- Cela vous aidera à organiser votre vie.

- Avant de commencer le télétravail, achetez le matériel nécessaire.

CONSEIL ÉCONOMIQUE

- Éteignez vos appareils électroniques lorsque vous ne les utilisez pas.

- Achetez pour des LED à consommation modérée.

- Coupez la climatisation ou le chauffage en cas d'absence.

- Privilégiez les électroménagers performants à consommation réduite.

- Abstenez-vous d'imprimer des documents, sauf si c'est indispensable.

- Éteignez les lumières en quittant une pièce.

CONSEIL COLLABORATIF

- Entretenir des liens avec les membres de votre équipe

- Partagez des agendas avec votre équipe.

- Définissez et communiquez les heures d'ouverture du bureau à vos collègues.

- Maintenez des échanges réguliers avec vos collaborateurs pour rester connecté et intégré à l'entreprise.

- Organisez des rencontres virtuelles et travaillez sur des projets avec votre équipe.

- Impliquez-vous dans des activités sociales.

- Rejoignez un groupe de soutien dédié aux télétravailleurs.

- Maintenez un dialogue continu avec votre responsable.

- Tenez-le au courant de l'évolution de vos travaux et ne soyez pas apeuré de solliciter son soutien si vous en ressentez le besoin.

- Élaborez un profil professionnel et accrocheur.

- Mettez en avant vos compétences.

- Décrivez votre parcours et vos réalisations.

- Publiez des réalisations afin que les clients puissent apprécier votre savoir-faire.

- Rédigez des titres clairs et des descriptions pour que les abonnés puissent aisément trouver votre profil.

- Assurez un service client en répondant aux demandes.

- Réagissez vivement aux demandes et aux questions.

- Soyez ouvert aux critiques et aux suggestions pour vous améliorer.

- Pour améliorer vos services, profitez des avis des clients.

- Restez informé des dernières tendances afin de garantir la pertinence de vos services.

- Présentez-vous avec une photo professionnelle.

- Un nom d'utilisateur en phase avec votre marque

- Rédigez une description expliquant vos prestations et vos compétences.

- Faites preuve de souplesse et d'adaptabilité.

- Proposez des prestations de qualité.

- Soyez attentif aux besoins de vos clients.

- Respectez vos délais de livraison.

- Répondez agréablement aux demandes des clients potentiels.

- Proposez un système de remboursement.

- Rendez-vous visible auprès des clients potentiels.

- Assistez à des groupes de discussion afin de vous faire connaître sur ces plateformes de télétravail.

- Offrez des remises ou des promotions spéciales pour attirer des clients novices.

- Offrez des services complémentaires pour augmenter vos revenus.

- Faites preuve de patience.

- Adoptez une attitude positive.

- Partagez des photos de vos réalisations passées.

- Proposez des conseils et des techniques dans votre domaine

  d'expertise.

- Définissez des tarifs compétitifs.

En tant que transcripteur, voici une liste des activités les plus recherchées par les utilisateurs, que vous pouvez effectuer à distance ou en télétravail.

Vous pouvez incorporer cette liste dans la présentation de votre profil ou dans les prestations que vous offrez.

Cela vous permettra de générer plus de clients vers votre profil.

NB : **Employez l'orthographe exacte des mots répertoriés ci-après, étant donné qu'il s'agit des mots-clés les plus consultés**

- transcription youtube

- transcription phonétique

- transcription audio

- retranscription audio

- retranscription d'une déclaration mot pour mot

- transcription podcast

- retranscription entretien

- transcription vidéo youtube

- transcription texte en audio

- transcription vocale en texte

- retranscription d'une déclaration

- retranscription mot pour mot

- transcription médicale

- transcription française

- transcription texte

- transcription ia

- transcription écrite

- transcription fichier audio

- transcription snapchat

- transcription youtube en texte

- retranscription interview

- transcription mp3

- transcription mp3 en texte

- transcription chatgpt

- transcription d'un texte

- transcription juridique

- retranscription photo en texte

- transcription réunion teams

- transcription en direct

- transcription orale

- transcription message vocal

- transcription réunion

- transcription textuelle

- transcripteur à domicile

- transcription compte rendu

- transcripteur de vidéo

- transcripteur de voix

- retranscription prescription médicale

- transcription vidéo

- transcription phonétique français

- transcription et traduction

- transcription phonétique anglais

- film transcription

- transcription vidéo en texte

- transcription vidéo youtube

- transcription français

- ia transcription

- transcription voix en texte

- transcription linguistique

- retranscription écrite

- chat gpt retranscription audio

- transcription hypothécaire

- transcription naissance

- transcription à domicile

- transcription écrite d'une vidéo

- ia transcription vidéo

- retranscrire conjugaison

- transcrire anglais français

- retranscrire une interview

- retranscrire vidéo en texte

- transcrire mp3 en texte

- retranscrire vidéo youtube en texte

- retranscrire enregistrement audio en texte

- ia retranscrire audio

- retranscrire une vidéo youtube en texte

- retranscrire dictaphone en texte

- retranscrire un fichier audio

- transcrire mp3 en partition

- transcrire une réunion en texte

- retranscrire une photo en texte

- retranscrire entretien mémoire

- retranscrire un fichier audio en texte écrit

- transcription acte de mariage

- transcription musicale

- transcription acte de naissance

- zoom live transcription

- zoom meeting transcription

- chatgpt transcription

- transcription de mariage

- transcription divorce

- transcription médicale télétravail

- transcription hébreu

- translation website

- translation youtube vidéo

- translation français allemand

- transcription pour malentendants

- transcription de décès

- transcription de naissance

- transcription de divorce

- transcription du jugement de divorce

- transcription du russe en français

- transcription sous titrage

- transcription des messages vocaux

- transcription des actes de naissance

- ia pour retranscrire audio

- retranscrire un texte sans plagiat

- transcription des mots en phonétique

- transcription oral vers écrit

- transcription des sons

- transcription mot pour mot

- transcription audio à domicile

- retranscription discours

- transcription écrite d'une vidéo

- transcription audio écrit

- retranscription entretien audio

- transcription d'enregistrements audio

- transcription dictée vocale

- retranscription audio entretien

- conversion audio en texte

- transcription de réunion

- transcription de débats judiciaires

- transcription instantanée de la parole

- transcription audio en texte youtube

- transcription entretien audio

VI. LES OUTILS POUR LE TRAVAIL À DISTANCE

Des outils pratiques vont faciliter vos travaux à distance. Voici ci-dessous la liste de ces outils et les liens vers les éditeurs.

1 - outils de gestion de projet

Trello

Trello est une application gratuite qui fonctionne en mode projet. Trello facilite la création d'espaces visuels pour organiser et suivre l'avancement du projet.

Lien : https://www.trello.com/

Asana

Asana est un outil de gestion de projet qui vous permet de décomposer les projets en tâches et d'augmenter la productivité, ce qui nécessite un travail d'équipe pour gérer des projets ou des tâches.

Lien : https://www.asana.com/fr

2 - les outils d'accès à distance

TeamViewer

TeamViewer est un outils travail à distance conçu pour connectés des appareils ; il permet aux utilisateurs de prendre le contrôle à leurs ordinateurs tout en étant en déplacement. Il permet à participer à des vidéoconférences et de partager leurs écrans pour une assistance à distance dans le monde entier.

Lien : https://www.teamviewer.com/fr/

Remote PC

PC Remote est un outil qui facilite le travail à distance. Il n'affectera pas les performances de votre ordinateur distant.

Lien : https://www.remotepc.com/

3 - les outils de transfert de fichier

Google Drive

Google Drive est un emplacement pour sauvegarder tous les fichiers et y accéder depuis n'importe quel appareil en toute sécurité de n'importe où.

Lien : https://www.google.com/intl/fr/drive/

Dropbox

Dropbox est un stockage en ligne gratuit ou payant permettant de créer, modifier et partager des documents sur votre appareil mobile ordinateur et tablette.

Lien : https://www.dropbox.com/

4 - les outils d'appels vidéo et de partage d'écran

Zoom

Zoom est un logiciel utilisé pour organiser des réunions grouper par visioconférence par l'intermédiaire d'une tablette, d'un smartphone ou d'un ordinateur.

Lien : https://www.zoom.us/

Jitsi Meet

Jitsi permet de travailler à domicile et de communiquer avec succès, utilisez pour les réunions. Il est une solution riche entièrement sécurisée, facile à utiliser et personnalisable.

Lien : https://meet.jit.si/

Vous avez la possibilité de vous enregistrer sur multiples sites de travail à distants en transcription. Pour vous enquérir les missions dont vous avez besoin.

Ces sites distribuent des milliers de travaux aux transcripteurs indépendants à l'international. Les transcripteurs indépendants acquièrent de véritable profit grâce à ces sites de télétravail.

Ces profits sont :
- Garanties de paiement et des accords, résolution de conflits
- Le gain de temps dans la réalisation de vos prestations

Chaque plateforme de télétravail à sa technique de fonctionnement.

Le motif est de relier les transcripteurs indépendants à des entreprises.

Le montant habituel de l'inscription sur les plateformes de travail à distant.

Il existe 2 montants habituel diverses :

 il permet de s'inscrire gratuitement sans régler de frais. Habituellement, le montant est supporté par l'entreprise.

 cela permet de trouver des missions en payant XX euros par mois.

Le taux de rémunération de la plateforme de travail à distant.

Les taux de rémunération varient de 0 % à 20 % du total réglé par le client aux transcripteurs.

Tout dépend de la stratégie méthode de chaque plateforme.

Les genres de mise en relation qui se présente sur les plateformes de télétravail.

1 Les mises en relation des transcripteurs avec les clients.

Les transcripteurs consultent, prennent connaissance de la demande du client puis exécute le travail demandé.

Les transcripteurs ont d'éventuel possibilité de poser des questions aux clients pour recueillir plus d'informations.

Le client consulte les prestations des transcripteurs et sollicite les prestations équivalentes à son besoin.

Les clients peuvent choisir de demander aux transcripteurs plus d'informations sur les services qu'ils procurent.

En effet, j'ai choisi 39 sites web avec des listes d'emplois à distance à travers le monde. Certains sites utilisent le français, tandis que d'autres utilisent l'anglais. Ils sont illustrés par types, par méthode.

VIII. LISTE DES SITES OFFRANT DU TRAVAIL À DISTANCE POUR LES TRANSCRIPTEURS

1.Gotranscript

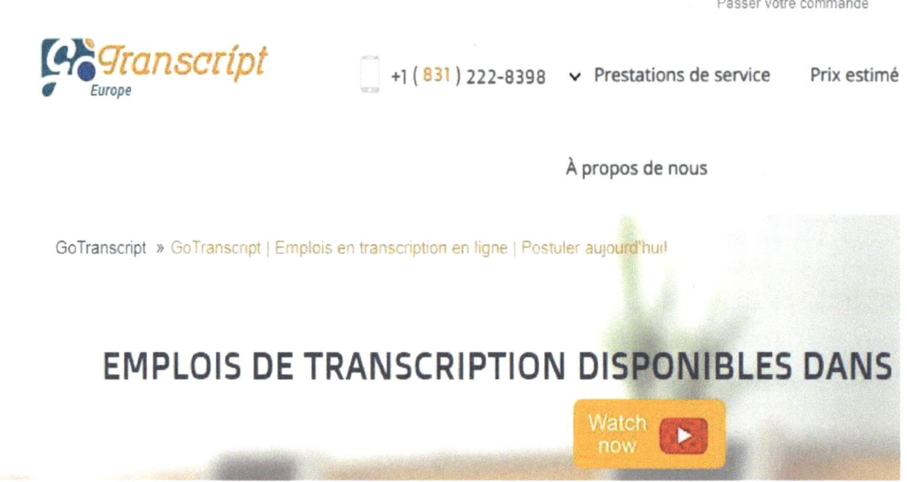

GoTranscript est une entreprise de transcription qui fait travailler les indépendants avec leur portefeuille client. Vous avez la possibilité de travailler à travers le monde entier.

https://wwww.gotranscript.com/

Emplois

Transcripteurs

Compétences:

- Bonnes compétences en communication
- Maîtrise de l'anglais parlé / écrit
- Excellente compréhension des accents américains / britanniques / australiens / indiens

Responsabilités:

Scribie est une entreprise de transcription qui travaille avec des indépendants transcripteurs. Vous travaillez pour le compte de Scribie.

https://www.scribie.com/

3. Waywithwords

WayWithWords, lancé en 2002, est une société internationale de transcription dans le monde. Ils regroupent des pools sélectionnés de transcripteurs du monde entier. L'inscription est gratuite.

https://www.waywithwords.net/

Rev travail en ligne avec les transcripteurs.

Vous pouvez vous inscrire pour présenter vos prestations.

https://www.rev.com/

5. Befreelancr

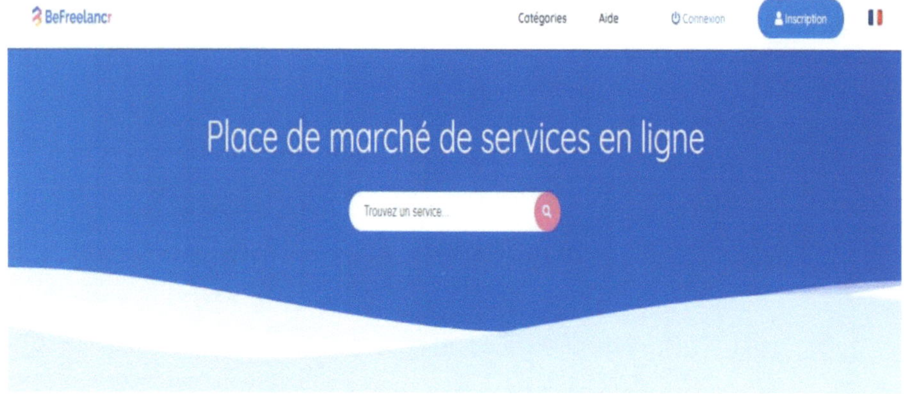

BeFreelancer est une plateforme en ligne pour les freelances

de France. Vous pouvez publier vos services gratuitement.

BeFreelance prélève une commission de 60 % pour chaque

prestation vendue.

Befreelancer vous paye par virement bancaire, ou PayPal.

Le montant disponible à tout moment peut être retirer.

https://www.befreelancr.com/fr

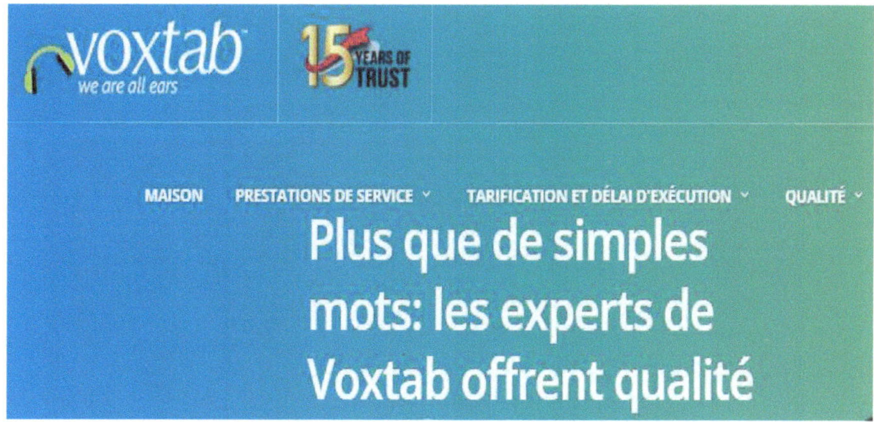

Voxtab travail en ligne avec les professionnels transcripteurs.

Vous pouvez vous inscrire gratuitement pour présenter vos prestations.

https://www.voxtab.com/

7.Transcribeme

TranscribeMe est un service de transcription, avec des milliers de transcripteurs indépendants dans le monde entier. Vos revenus vont varier de 15 $ à 22 $ par heure audio et mensuels supérieurs à 2 200 $. Vous serez payé par Paypal.

https://www.transcribeme.com/

Laissez les mots vous guider

Protranslate est une plateforme de transcription professionnelle pour les particuliers et les sociétés.

Ils sélectionnent les bons transcripteurs afin d'achever les missions de leurs clients. Vous êtes payé directement par Protranslate.

https://www.protranslate.net/fr/

Rws fournit des solutions qui aident les transcripteurs et les marques du monde entier à se comprendre.

https://www.rws.com/fr/

Proz travail en ligne avec les professionnels transcripteurs.

Vous pouvez vous inscrire pour présenter vos prestations.

https://www.proz.com/

Onehourtranslation est la première plateforme de transcription professionnelle entièrement disponible en ligne. Tous vos clients internationaux seront sur la même longueur d'onde.

https://fr.onehourtranslation.com/

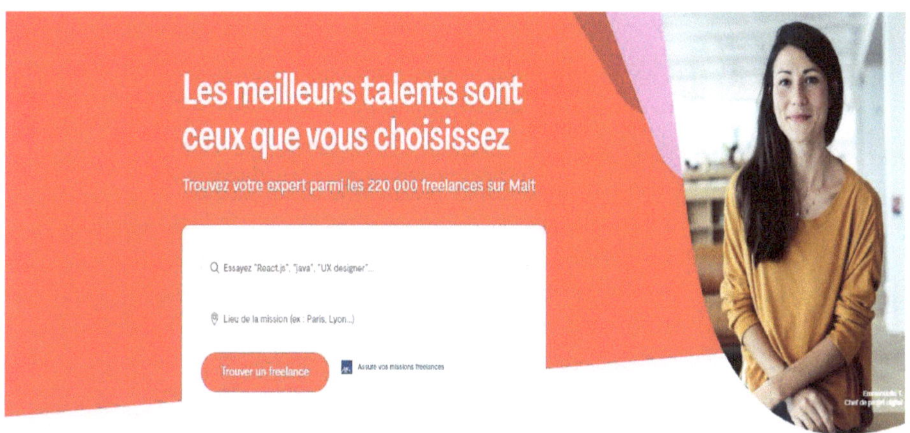

Malt est un site multi-services qui joue le rôle de tiers de confiance entre le client et le transcripteur.

Il assure les factures impayées. La qualité de sa clientèle est une opportunité d'évoluer dans le domaine professionnel.

https://www.malt.fr/

13.404works

404Works met en relation transcripteurs et clients, l'inscription est gratuite et vous permet d'envoyer des propositions aux clients sur tous les projets en illimité.

https://www.404works.com/fr

14. Freelance

L'entreprise française Freelance.com permet d'inscrire des clients et des intervenants indépendants.

L'inscription est gratuite. Et les entreprises vous contacteront en cas de besoin. Suite à cela, vous pouvez soumettre un devis qui sera suivi par Freelance.com.

En plus de la prestation du freelance, le client paie une commission de 12,5 %. Les paiements en 24 heures.

https://www.freelance.com/

Codeur vous permet de trouver des missions pour les transcripteurs freelances, de nombreuses entreprises font appel aux transcripteurs.

https://www.codeur.com/

16.Upwork

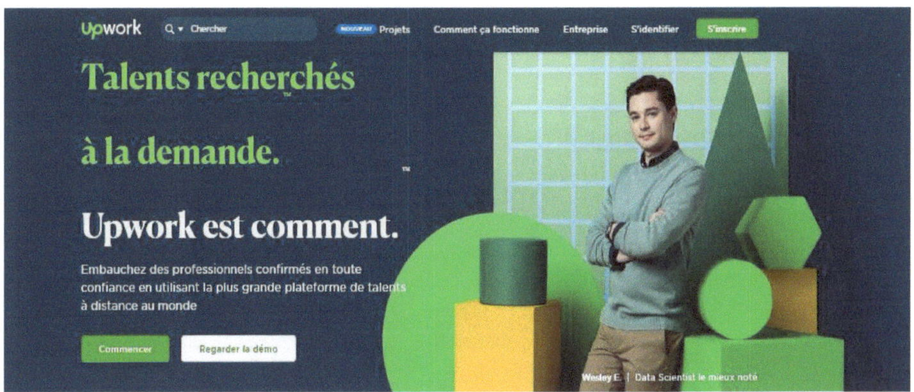

Upwork est une place de marché, recherchant du travail efficace dans votre domaine. Les transcripteurs recherchent le meilleur missions en fonction de leurs expertises.

Dès que le client vous sélectionne, respectez bien les directives qu'il vous donne. Informez-le régulièrement de votre avancée dans le projet.

Vous pouvez réaliser la facture dans votre espace candidat et vous faire payer.

https://www.upwork.com/

17. Comeup

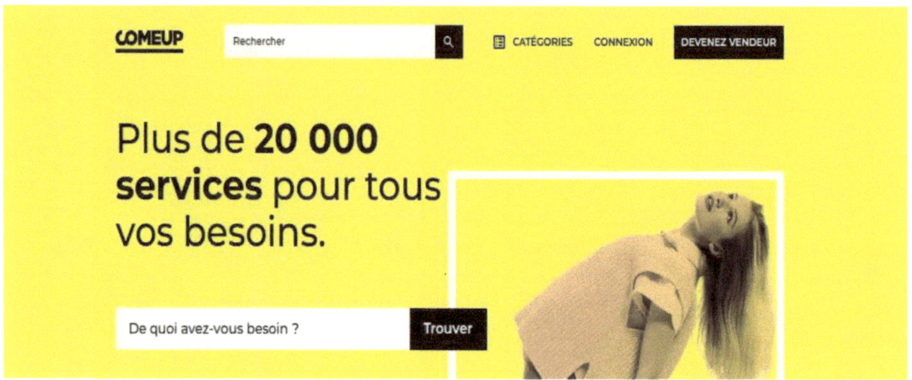

Le site permet à des milliers de personnes en France et à travers

le monde de jouir d'une plus grande liberté en gagnant en leur

vie en ligne.

https://www.comeup.com/fr/

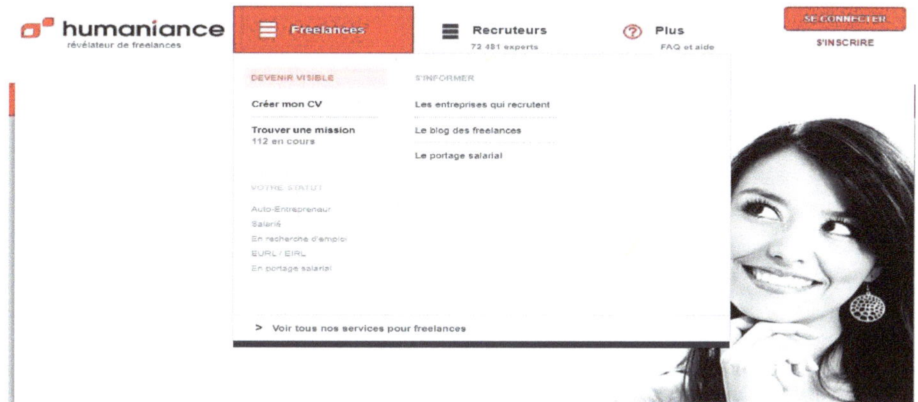

Humaniance propose des offres de missions pour les transcripteurs. L'inscription est gratuite. Il aide à développer votre activité.

http://www.humaniance.com/

19.Les bons freelances

Les bons freelances permettent d'accroître votre visibilité et de trouver des clients. Vous répondez aux missions de transcription. Vous obtenez directement des demandes de nouveaux clients. L'inscription est gratuite et il n'y a aucune commission.

https://www.lesbonsfreelances.com/

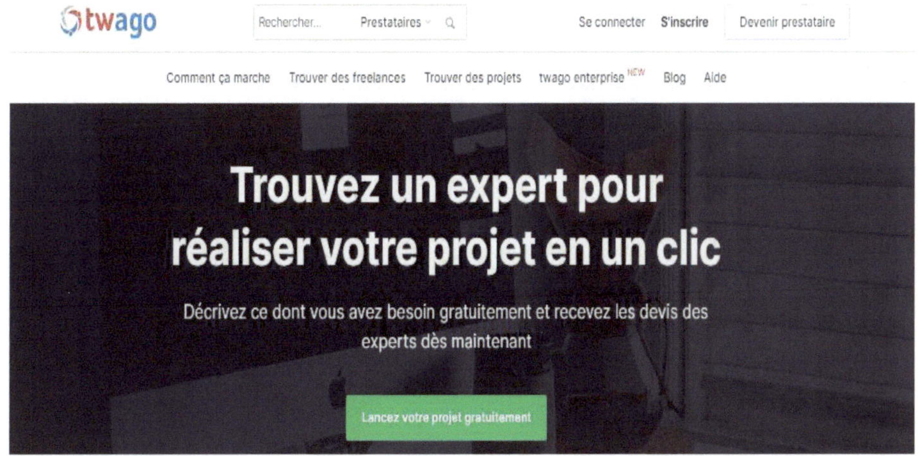

Twago met en relation les transcripteurs avec des clients porteurs de projets. Le client compare plusieurs devis obtenus des transcripteurs et sélectionne le devis qui le convient.

https://www.twago.fr/

Fiverr est une plateforme qui met les transcripteurs en relation avec des entreprises. L'inscription est gratuite. Les transcripteurs enregistrés peuvent acheter et vendre des services sur Fiverr. Le paiement est remis aux transcripteurs que lorsque le client est satisfait.

https://fr.fiverr.com/

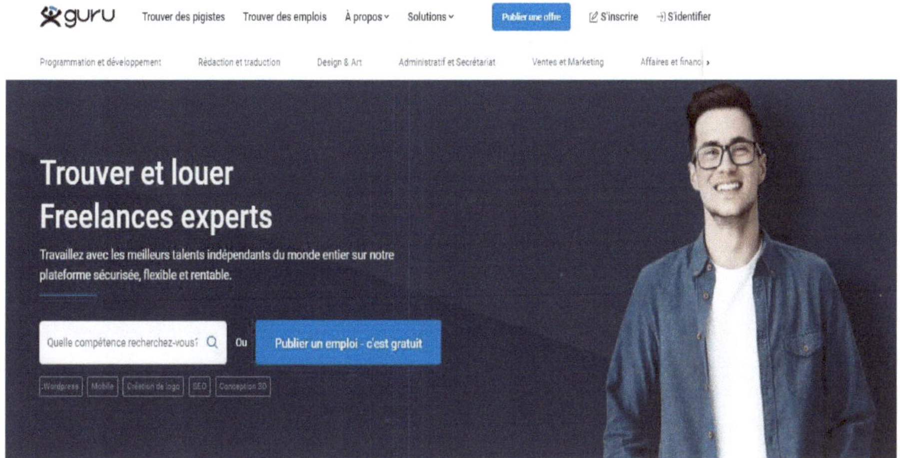

Guru met en relation les transcripteurs avec des clients, le clients choisi le meilleur devis proposer par plusieurs transcripteurs. Guru fournit la protection de paiement.

https://www.guru.com/

23.Flexjobs

FlexJobs est spécialisé dans les emplois à distance indépendants dans le monde. Vous trouveriez des missions de transcripteurs partout dans le monde.

https://www.flexjobs.com/

24.Talent hubstaff

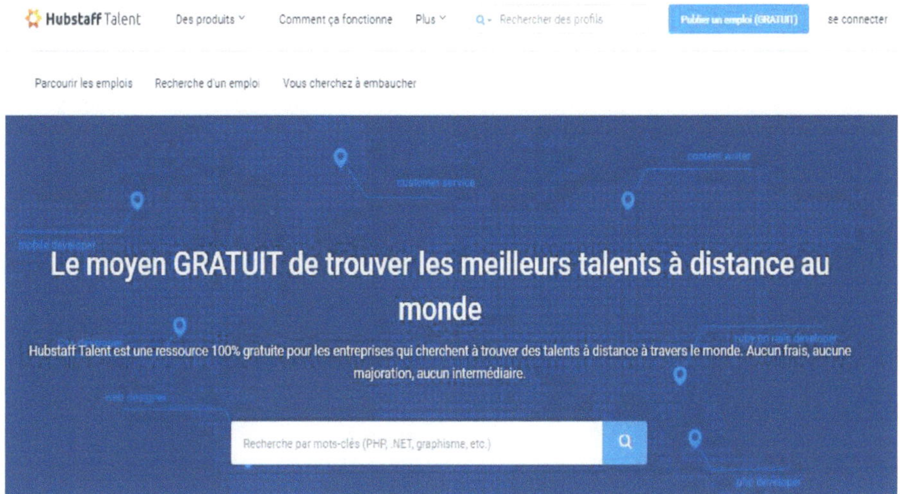

Talent hubstaff regroupe les transcripteurs du monde entier. Vos clients vous viennent de partout le monde. Vous pourriez rapidement créer une équipe de transcription à distance sans aucuns frais ni majoration.

https://talent.hubstaff.com/

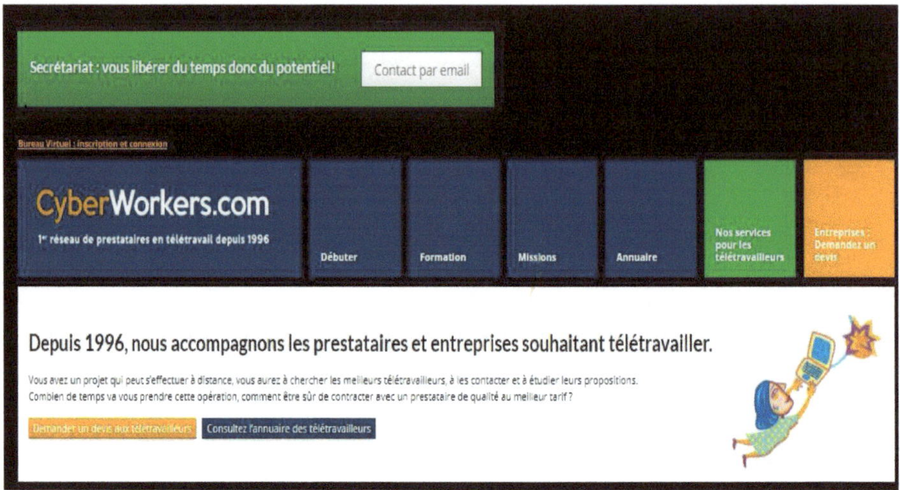

Depuis 1996, cyberworkers est un réseau de télétravailleurs mettant en relation les offres et les demandes de transcripteurs.

https://www.cyberworkers.com/

26. Lehibou

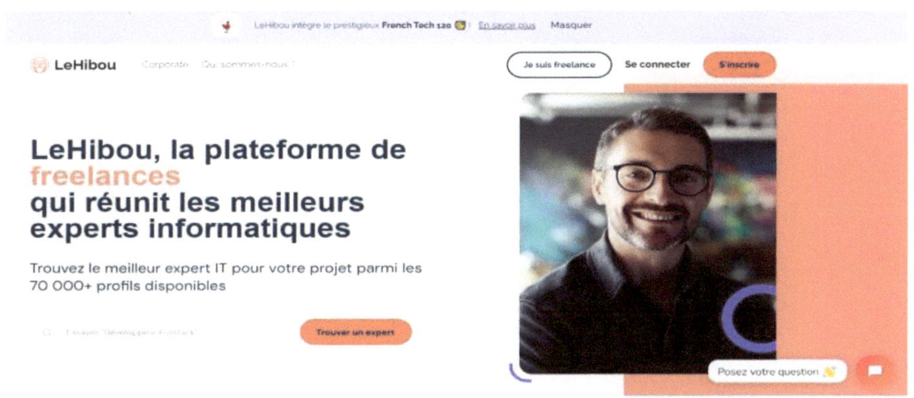

LeHibou est une plateforme dédiée aux indépendants français et dans les pays voisins elle compte se déployer dans d'autres pays. Les indépendants s'inscrivent gratuitement.

Le Hibou facture aux clients une commission de 5 % à 15 % de plus que le salaire journalier d'un freelance.

À partir de 30 jours de la date d'exécution des services, le prestataire sera payé en espèces si cela est précisé dans le document par virement bancaire.

https://www.lehibou.com/

27.Peopleperhour

PeoplePerHour est une plateforme qui possède une variété des missions pour transcripteurs répertoriés sur leur site.

https://www.peopleperhour.com/

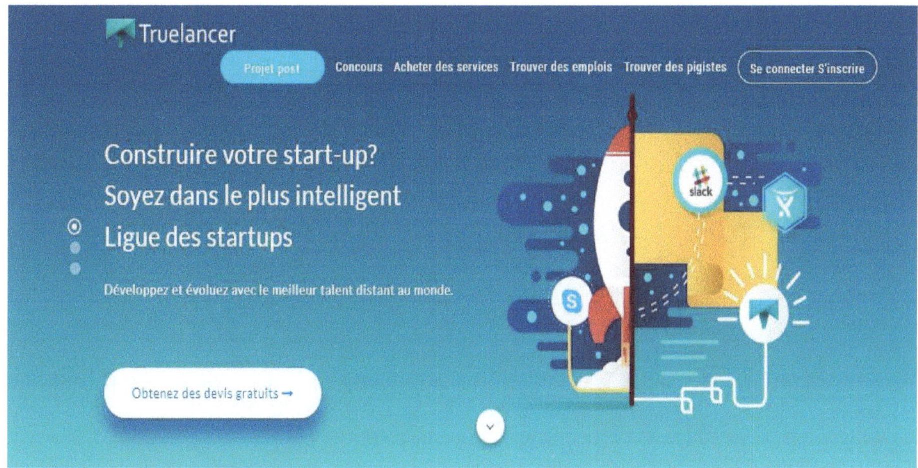

Truelancer est une plateforme en ligne permettant aux transcripteurs et aux clients de collaborer et de travailler ensemble. Leur vision est de concevoir des relations de confiance à travers le monde.

https://www.truelancer.com/

WorkNomads est une plateforme mondiale dédiée au travail à distance pour les personnes souhaitant travailler seule et indépendante. Il connecte les professionnels qui souhaitent collaborer à distance avec des entreprises.

Les indépendants peuvent s'inscrire sans frais.

Connectez-vous directement aux clients potentiels.

En revanche, les travailleurs indépendants facturent aux entreprises les offres de missions.

https://www.workingnomads.com/

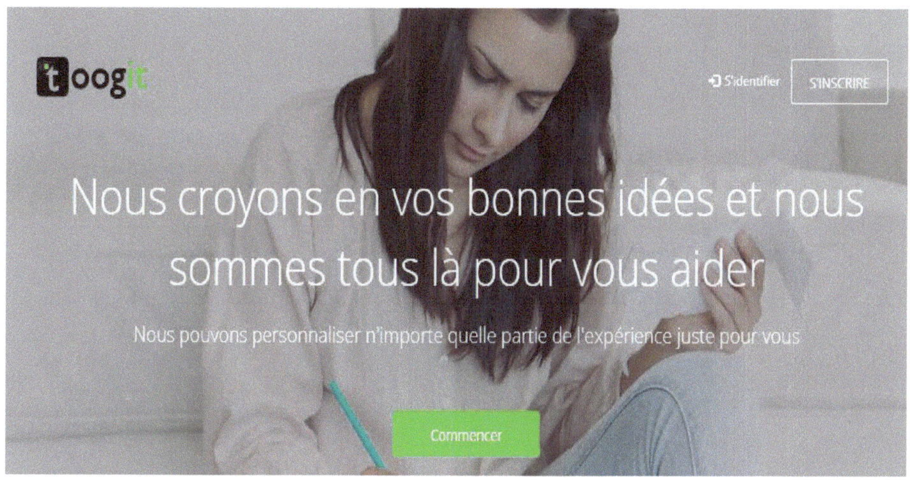

Toogit est un marché en ligne où les propriétaires de projets et les transcripteurs travaillent ensemble.

https://www.toogit.com/

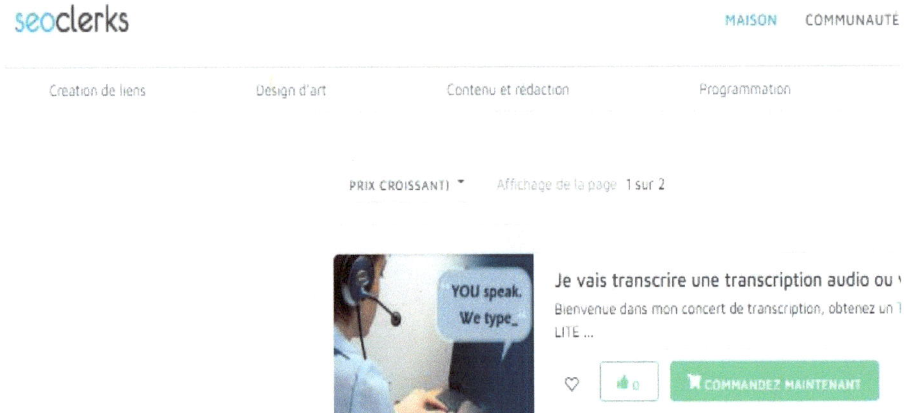

Seoclerks est un site qui délivre les services aux entreprises et aux transcripteurs.

https://www.seoclerks.com/

32.WordClerks

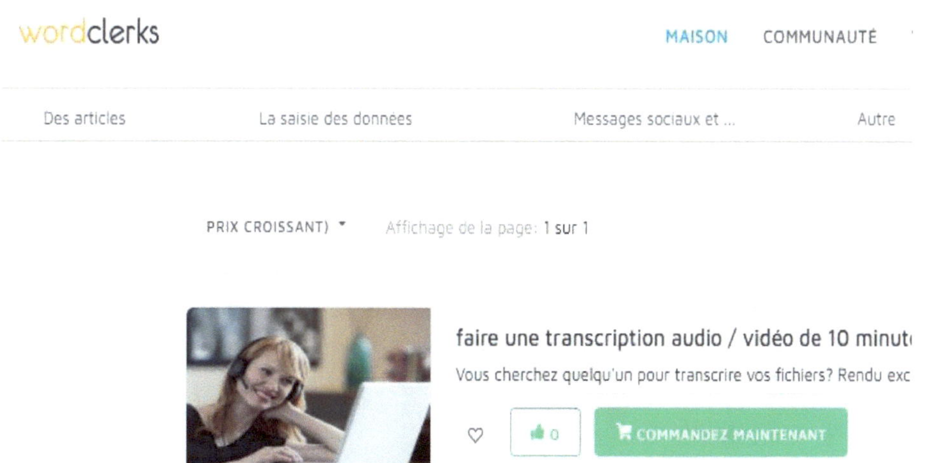

WordClerks est un marché indépendant pour les transcripteurs.

Le pays d'origine est les USA en Caroline du Nord.

https://www.wordclerks.com/

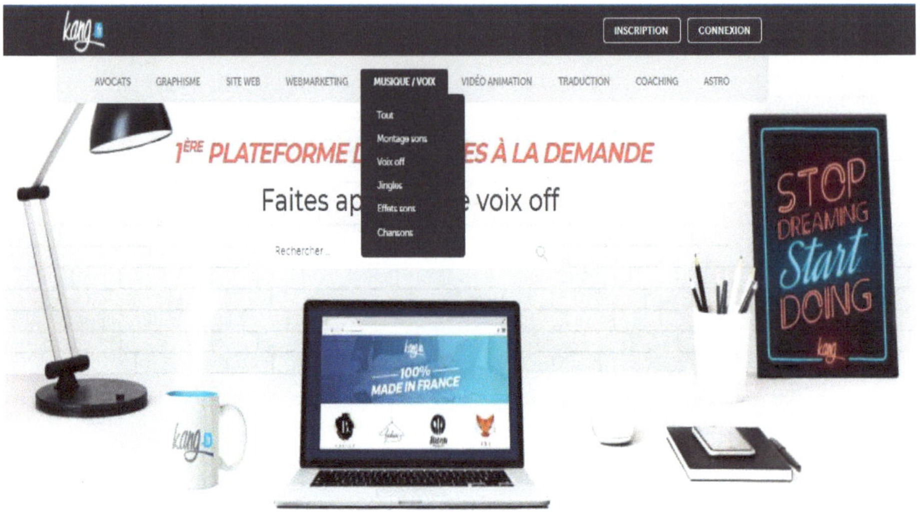

La plateforme vous permet d'inclure vos prestations de transcription entièrement disponible en ligne.

https://www.kang.fr/

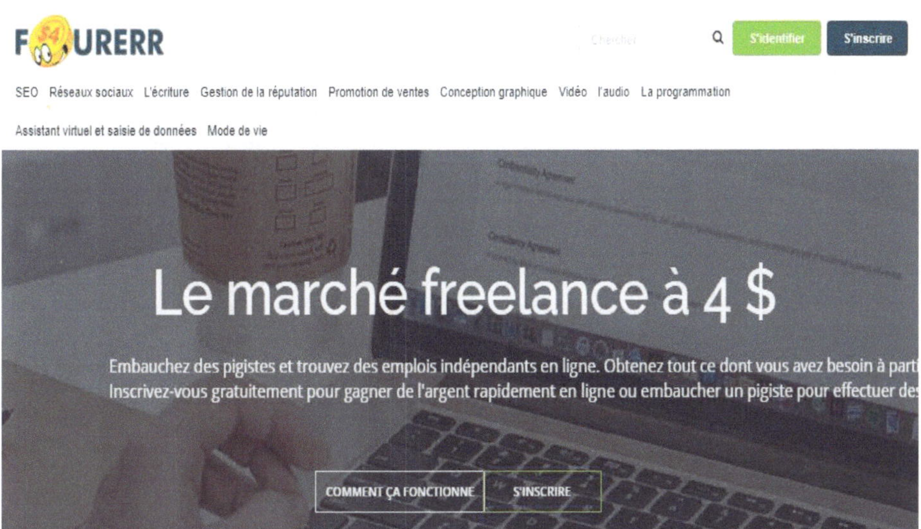

Fourerr est un marché en ligne qui relie les transcripteurs et les clients. Les transcripteurs peuvent remporter des récompenses sur le site.

https://www.fourerr.com/

Clickworker est une plateforme fournissant une main-d'œuvre virtuelle en transcription à la demande des entreprises. Le pays d'origine est l'Allemagne.

https://www.clickworker.com/

Pacayo vend en ligne vos prestations de transcription, puis ensuite, vous serez contacté par des clients.

https://www.pacayo.com/

StarOfService

**Tous les professionnels,
au meilleur prix.**

Starofservice met en relation les transcripteurs avec de nombreux clients. Vous avez la possibilité de travailler à travers 130 pays à travers le monde.

https://www.starofservice.com/

StarOfService

Services linguistiques

Atteignez des objectifs de performance et de diversité de classe mondiale pour vos solutions d'IA basées sur les langues et étendez la couverture du marché avec l'aide des linguistes experts d'Appen.

Appen vous trouve des emplois flexibles en tant que transcripteur, votre travail peut être effectué de n'importe où dans le monde.

https://www.appen.com/

Khdemti est un site web de travail à distance originaire de France et traduit en anglais et en français, permettant aux transcripteurs et aux entreprises du monde entier de se connecter entre eux. Khdemti ne facture aucune commission pour chaque projet que vous réalisez. En revanche, s'il y a un problème, il peut être utilisé comme arbitrage.

https://www.khdemti.com/

CONCLUSION

Le télétravail accélérera votre chiffre d'affaires. En conséquence, vous garderez les frais de logement et les frais actuels. Cela vous facilitera la relation avec des clients mondiaux, et seule une bonne méthode de travail pourra vous faire avoir du succès.

Tous ces sites indiqués dans cet ouvrage et toutes les descriptions détaillées vous permettront de vous axez sur votre spécialité.

A Propos de l'auteur

Ali Diak est un auteur spécialisé dans le domaine du webmastering, développement web, de la conception web, du conseiller web de la conception de sites Webdev, Prestashop et Wordpress.

Depuis plus de 12 ans, je travaille en tant qu'indépendant et je propose mes services aux entreprises, aux particuliers pour toutes les activités en ligne en matière de web et de services dans toutes les parties du globe.

Ce livre constitue un manuel qui permet aux experts de se concentrer sur leurs tâches sans perdre du temps à chercher des renseignements.

Demande Avis

Avez-vous passé du temps à lire ce livre ?

Aidez-nous à améliorer nos services en nous laissant

un commentaire.

Email : issacar.edition@gmail.com

Biographie Auteur

Depuis l'âge de 6 ans, Ali Diak est diplômé et a une passion pour l'informatique et les mathématiques.

Elle a enseigné les mathématiques à des enfants, des adolescents et des adultes de tous âges.

Depuis 13 ans, elle occupe le poste de responsable d'une entreprise informatique qui offre des services aux entreprises et aux particuliers.

Grâce à mes expériences professionnelles, j'ai pu repérer divers problèmes dans le domaine du web.

Ces ouvrages lui permettent de résoudre les problèmes.

Passionnée également par l'écriture, elle sort son premier livre intitulé Qu'est-ce qu'un blog en 2018.

Depuis, elle profite des occasions de publier des livres pour soutenir les lecteurs et les utilisateurs d'Internet.

Chaque site web offre une navigation facile et sécurisée sur Internet.

La même méthode a été utilisée par Ali Diak pour évaluer l'authenticité de chaque site mentionné dans ces ouvrages comme guide ou annuaire.

Et il examinera régulièrement l'état de ces sites.

Très engagée dans le domaine de l'édition du livre, elle est la fondatrice du site Internet « issacaredtion.com », qui regroupe l'ensemble de ces ouvrages.

On peut actuellement acheter plusieurs livres sur cette plateforme.

Profitez de ces conseils et de ces expériences afin de progresser dans le domaine d'Internet.

Ali Diak vous incite à vous abonner et à la suivre sur différentes pages pour être informé des prochains livres.

Livres de l'auteur

Le catalogue des écrits d'Ali Diak comprend également d'autres titres appréciés par un large lectorat. Vous aurez accès à ces éléments sur la plateforme ou le site sur lequel vous l'aviez initialement procurée.

- Annuaire télétravail pour Ecrivains indépendants 41 sites indispensables

- Annuaire télétravail pour Traducteur indépendant 43 sites indispensables

- Annuaire télétravail pour Comptables indépendants 34 sites indispensables

- Annuaire télétravail pour Secrétaires indépendants 35 sites indispensables

- Annuaire télétravail pour Transcripteurs indépendant 39 sites indispensables

- Annuaire télétravail pour Informaticiens indépendants 45 sites indispensables

- Annuaire télétravail pour Développeurs WinDev Webdev indépendants 40 sites

- Annuaire télétravail pour Programmeurs développeurs indépendants 44 sites indispensables

- Annuaire télétravail pour Graphistes Infographe indépendants 49 sites indispensables

- Annuaire télétravail pour Testeurs en informatique indépendants 41 sites indispensables

- Annuaire télétravail pour Photographe indépendants 37 sites indispensables

- Annuaire télétravail pour Musiciens indépendants 32 sites indispensables

- Annuaire télétravail pour Vidéastes indépendants 43 sites indispensables

- Qu'est-ce qu'un blog